Für Dad – F.B.

**Für meinen Dad. Mit Liebe und
den wärmsten Wünschen** – C.P.

Titel der Originalausgabe: *I definitely don't like winter*
Erschienen bei Scholastic UK
Copyright © 2022 Scholastic UK

Text © Fiona Barker, 2022
Illustrationen © Christine Pym, 2022

Deutsche Erstausgabe
Copyright © 2022 von dem Knesebeck GmbH & Co. Verlag KG, München
Ein Unternehmen der Média-Participations

Projektleitung und Lektorat: Theresa Scholz, Knesebeck Verlag
Übersetzung: Tatjana Kröll, München
Umschlagadaption: Leonore Höfer, Knesebeck Verlag
Satz: Arnold & Domnick, Leipzig
Printed in China

ISBN 978-3-95728-672-7

Alle Rechte vorbehalten, auch auszugsweise.

www.knesebeck-verlag.de

Hanno und Hugo sind beste Freunde.

Sie liegen gemeinsam in der Sonne und schlürfen kühle Getränke im Schatten.

Sie jagen sich gegenseitig um Baumstämme herum und spielen in den grünen Ästen Verstecken.

Doch eines Morgens segelt
ein einzelnes braunes Blatt

leise raschelnd zu Boden

und landet direkt vor Hannos Füßen im Gras.

»Oh nein! Der Sommer geht zu Ende!«,
sagt Hanno.

»Oh ja! Der Winter fängt an!«, sagt Hugo.

Beide malen sich die klirrrrend kalten Monate aus, die vor ihnen liegen:

Stürmische Winde und fallende Blätter.

WUUSCH!

RASCHEL!

... Eis und Schnee.

»Mift, ich hänge **FEFT!**«

… kommt es genau so,
wie sie es erwartet haben.

Hugo LIEBT den Schnee.

Huuuuiiiii!

Hugo besucht Hanno.
Bestimmt hat er Lust auf einen
herrlichen Schneespaziergang.

DING-DONG!

So ein Winter kann ganz schön kalt sein.

Drinnen *und* draußen.

Hanno mochte
den Winter noch nie …
aber er mag Hugo.

Hugo mochte
den Winter schon immer
… aber er sieht,
wie schwer es für Hanno ist.

Hanno vermisst Hugo.

Es kann schwer sein,
den ersten Schritt zu tun.

Aber wenn man sich in der Mitte trifft,
kann ein WUNDER geschehen.

Denn, wenn es draußen kalt ist …

… hält dein
BESTER FREUND
dich immer warm.